M. LAMBERT

CURÉ DE CHAUFFAILLES

SA VIE, SA MORT, SES FUNÉRAILLES

PAR L'ABBÉ DOUDON

« Que sa mémoire soit en bénédiction ! »
ECCLI. XLVI, 14.

Cette Notice se vend au profit de la construction
d'une Chapelle du Sacré-Cœur.

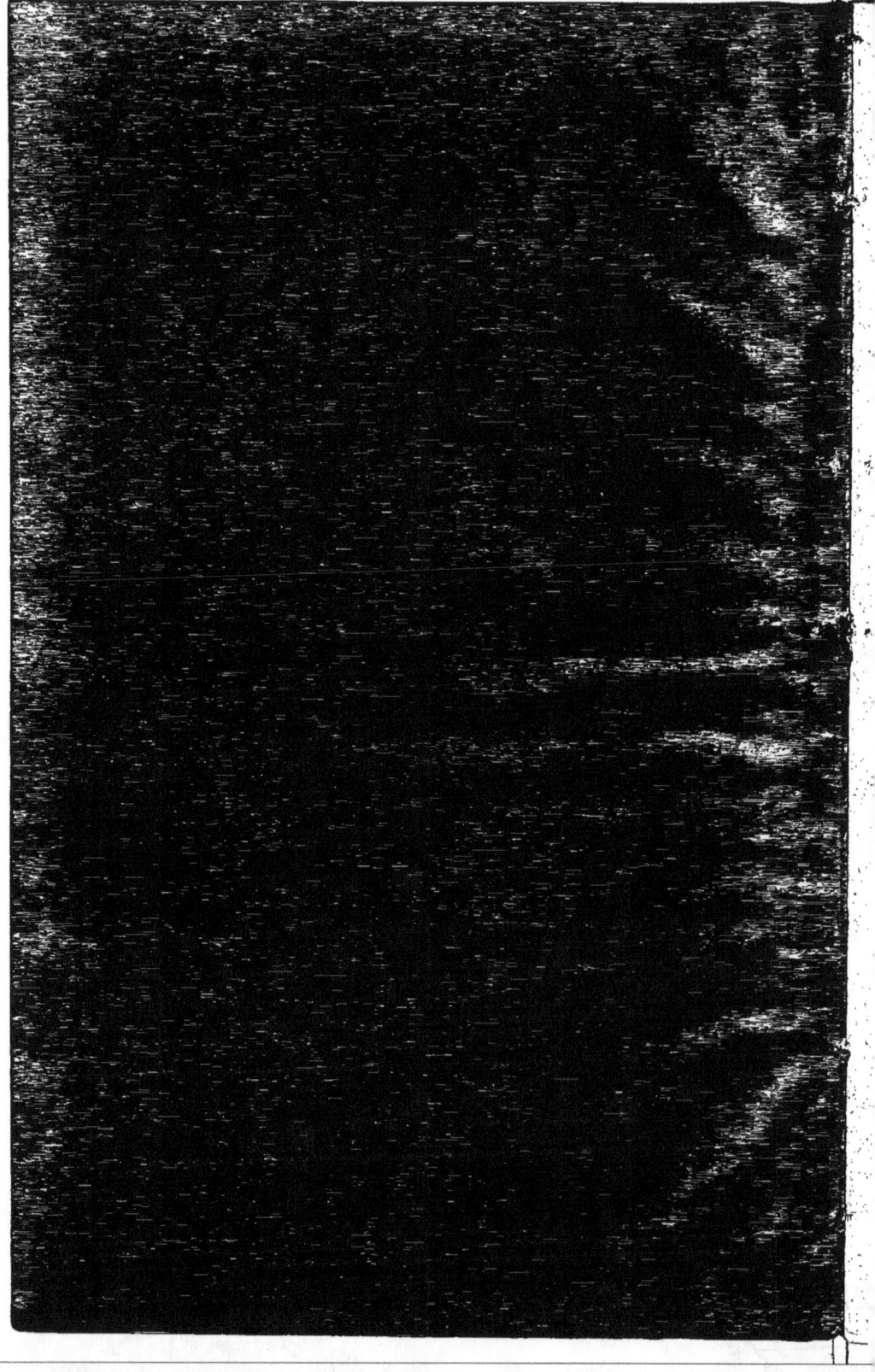

M. LAMBERT

CURÉ DE CHAUFFAILLES

SA VIE, SA MORT, SES FUNÉRAILLES

PAR L'ABBÉ DOUDON

« Que sa mémoire soit en bénédiction ! »
ECCLI. XLVI, 14.

Cette Notice se vend au profit de la construction
d'une Chapelle du Sacré-Cœur.

AUTUN, IMPRIMERIE DE MICHEL DEJUSSIEU.

Le 26 janvier 1875, à dix heures du matin, M. Nicolas Lambert, chanoine honoraire, archiprêtre de Chauffailles, a rendu sa belle âme à Dieu. L'Église d'Autun a perdu en lui un de ses prêtres les plus éminents et la paroisse de Chauffailles, un vrai pasteur, un bienfaiteur et un père.

Qu'il nous soit permis, à nous qui avons eu le bonheur de vivre à ses côtés pendant plus de six ans ; qui, de jour en jour, avons pu apprécier davantage les belles et nobles qualités de ce grand cœur et de ce saint prêtre, d'unir notre faible voix au magnifique concert d'éloges que la paroisse, que le diocèse tout entier, font retentir autour de cette tombe vénérée, et de mêler nos larmes à celles des nombreux amis qui pleurent notre cher défunt. Nous croirions aussi manquer à la reconnaissance que nous devons à sa mémoire bénie, si nous gardions le silence sur cette vie et cette mort si édifiantes. Ces quelques pages, écrites à la hâte, seront favorablement accueillies dans la paroisse de Chauffailles : c'est pour elle que nous les avons écrites. Qu'elles soient toujours comme un témoignage d'éternel souvenir de celui qu'elle a vénéré pendant quarante ans comme un père !

M. LAMBERT

CURÉ DE CHAUFFAILLES

I

SA VIE

M. Nicolas Lambert naquit le 10 février 1803, au village de Suin (Saône-et-Loire), de parents sincèrement religieux et jouissant d'une belle aisance. Il eut le malheur de perdre son père, dès son bas âge. Ses premières années se passèrent sous le regard vigilant d'une mère très pieuse et de grands-parents tous sincèrement chrétiens qui l'élevèrent dans la crainte de Dieu et l'amour du devoir. Son grand-oncle, M. Lambert, curé de Suin, mit aussi la main à l'œuvre si difficile de l'éducation de cet enfant, et le jeune Nicolas, à l'école de ce vénérable confesseur de la foi, comme Samuel sous la tente du grand prêtre Héli, puisa les commencements de cette piété rare qui devait former le caractère principal de toute sa vie.

Pendant les années qu'il passa dans son village, il fut le modèle de ses compagnons. Il nous a dit souvent qu'il ne se souvenait pas d'avoir été puni pendant le temps de ses études qu'il alla terminer au petit séminaire d'Autun, sous la direction de M. Léveillé alors supérieur de ce magnifique établissement.

Il avait souvent demandé à Dieu la précieuse faveur de devenir un jour son ministre, et cette grâce insigne fut accordée à sa piété et à celle de ses parents. Heureuse la famille qui donne à l'Église un bon prêtre, il sera pour elle le gage des bénédictions du ciel ! Nicolas Lambert entra au grand séminaire d'Autun à l'âge de 18 ans. A la haute estime et à la sincère affection qu'il a conversées toute sa vie pour les saints prêtres qui l'ont guidé pendant le temps de son noviciat à la carrière ecclésiastique, nous devons juger qu'il dut mériter toujours leurs meilleurs suffrages. Quelques anciens du sacerdoce que nous avons vus, nous ont souvent répété que M. Lambert était leur modèle dans la vie lévitique. Son application et son succès dans ses études le firent choisir pour maître des conférences.

En 1825, ses études étant brillamment terminées, il quittait ce grand séminaire qu'il aimera toute sa vie. Nous allons maintenant le voir à l'œuvre dans la vigne du Seigneur.

Il entra tout d'abord dans la communauté des missionnaires du diocèse, n'étant encore que diacre, et il se prépara pendant six mois, sous les yeux des anciens, au ministère de la prédication vers lequel le portait son zèle et auquel son évêque l'avait destiné.

Enfin le grand jour sonna pour lui ; c'était le 15 janvier 1826. Le jeune lévite était prêt autant qu'on peut l'être pour la redoutable dignité du sacerdoce. Il fut ordonné prêtre par Mgr de Vichy. Dès lors il se livra tout entier à l'œuvre des missions. Les paroisses qu'il a évangélisées se souviennent encore de son zèle apostolique et gardent en leur fidèle mémoire le souvenir de ses discours. Souvent j'ai pu moi-même recueillir à Blanzy, de la bouche de ses anciens auditeurs, les éloges les plus précieux qui puissent être donnés à un prêtre.

Il parcourut le diocèse pendant quatre ans et fit partout le plus grand bien aux âmes. Il aimait particulièrement à faire comprendre aux fidèles l'amour que Dieu a eu pour nous, et il mérita dans le diocèse le beau nom de *missionnaire de l'amour de Dieu*.

Malgré tous les succès de son ministère apostolique, il ne dut cependant pas le continuer longtemps. La révolution de 1830 obligea Mgr d'Héricourt à disperser sa communauté de missionnaires. M. Lambert, que ses grandes qualités désignaient tout naturellement pour un poste difficile, fut nommé curé du Creusot. Là encore il laissa les plus précieux souvenirs et il fut le modèle des pasteurs. Il sut trouver le moyen d'attirer à lui cette population ouvrière; et je l'ai souvent entendu dire que, Dieu aidant, il avait réussi à amener presque tout son troupeau à la pratique des devoirs de la religion. Dans un de ces terribles accidents si communs dans les houillères, où dix-sept mineurs trouvèrent la mort, il se distingua par son courage en descendant le premier dans les puits au secours des malheureux blessés.

En 1836, Mgr d'Héricourt, autant pour le récompenser de son zèle que pour donner à ce zèle un aliment nouveau, l'envoya comme pasteur à la ville de Chauffailles. Cette populeuse paroisse manquait d'une église suffisante. M. Lambert arrive, il place toute sa confiance en Dieu et il se met énergiquement à l'œuvre avec ses deux vicaires, MM. Beurrier et Nevert. Le pieux curé fit un chaleureux appel à la générosité de ses paroissiens; ils y répondirent dignement, et deux ans après la paroisse était dotée d'une immense église à trois nefs du style grec, ayant coûté plus de cent mille francs. Notre bon curé fit des prodiges de dévouement pour cette grande œuvre : il travailla souvent de ses propres mains pour aider ses ouvriers et enflammer par son exemple le zèle de ses paroissiens. En 1844 il est promu à la dignité de chanoine honoraire par son vénérable évêque désireux de récompenser le jeune et vaillant ouvrier du Seigneur.

Après avoir étudié les besoins de sa paroisse, il eut promptement remarqué que l'émigration de plusieurs des siens vers les grandes villes était une cause de désordre. Le pays était pauvre et ne pouvait occuper tous ses habitants : M. l'abbé Lambert songea dès lors à attirer à Chauffailles une industrie capable de procurer du travail à tant de bras qui allaient en demander ailleurs. Il appela au service de son zèle la grande industrie lyonnaise : il devint industriel lui-même pour un temps en établissant un comptoir de soierie. La Providence permit qu'il réussit, et le bien-être matériel succéda bientôt dans la population à un état voisin de la misère. Chauffailles, pour cette seule œuvre, lui devra une reconnaissance éternelle.

Mais le soin des âmes préoccupait le pasteur plus que le soin des corps. Il eut vite compris que l'instruction chrétienne peut seule faire des chrétiens et il appela à son secours les Frères maristes qui, sous son patronage, ouvrirent une école florissante, grâce au dévouement sans égal de ces pieux instituteurs de l'enfance.

De plus, ayant souvent entendu dire à son évêque qu'une congrégation de religieuses se vouant par état à l'instruction des enfants des campagnes lui serait utile, M. Lambert prit à cœur de donner à son évêque cette congrégation désirée, et il fonda dans sa paroisse la communauté des Sœurs de l'Instruction du Saint-Enfant-Jésus dont les établissements sont maintenant très nombreux dans le diocèse. Il fut aidé dans cette tâche rude et difficile par son vénérable ami Mgr Bouange, alors vicaire général du diocèse.

Mais il lui manquait encore quelque chose. Le pasteur aimait tout son troupeau. Les pauvres et les infirmes étaient ses préférés. Il voulut aussi faire quelque chose pour eux, et la pensée lui vint de fonder un hôpital. Dieu bénit encore son entreprise. Grâce à la généreuse initiative et aux efforts multipliés de M. Lambert, dix lits sont déjà assurés aux pauvres malades de la paroisse et des environs. Il laissera encore une partie de sa fortune en mourant pour doter cet établissement si cher à son cœur.

Société de Dames de charité, œuvre de la Propagation de la Foi, œuvre de la Sainte-Enfance, du Denier de St-Pierre, tout dans la paroisse lui doit son origine et son succès. L'année dernière, Dieu lui fit la grâce de voir naître dans sa paroisse une conférence de St-Vincent-de-Paul, à laquelle il pourra léguer, comme un testament précieux, son amour des pauvres. Il aimait à redire aux pieux fondateurs de cette société qu'ils n'auraient pu lui causer une plus grande joie.

Apprenait-il quelque misère cachée, aussitôt il envoyait quelque messager de sa charité. On peut vraiment dire de lui ce que nos saints livres disent de Notre-Seigneur : il a passé en faisant le bien, *pertransiit benefaciendo*. Aujourd'hui, chacun répète en pleurant les traits de paternelle bonté dont il a été le témoin ou l'objet.

Chacun rappelle les services rendus à tous par ce vénérable curé à qui la paroisse entière aimait depuis longtemps à donner le beau nom de père.

Tout était créé dans la paroisse de Chauffailles. Cependant il manquait encore quelque chose au cœur du pasteur. Son rêve était d'élever sur les deux montagnes qui dominent le pays deux statues, celle du sacré Cœur de Jésus et celle de la T. S. Vierge. « Je veux, nous disait-il souvent, consacrer mes paroissiens au sacré Cœur et à la sainte Vierge avant d'aller rendre mes comptes au bon Dieu. » Il y a dix-huit mois, il eut le bonheur de bénir le monument élevé en l'honneur de Marie, et de consacrer devant cette image protectrice le troupeau et le pasteur à la Mère des chrétiens pour laquelle il eut toute sa vie la plus tendre dévotion. Comme son cœur de prêtre abondait de joie en ce beau jour ! Nous disions tous, pour exprimer toute la force de notre pensée, que M. le curé avait rajeuni de vingt ans ce jour-là.

Mais il lui restait à édifier le monument au sacré Cœur de Jésus : il se hâta de commencer la réalisation de son pieux dessein en prévision d'une mort prochaine. Il provoqua, il y a six mois, une première souscription qui monta à 1,800 francs et fit commencer tout de suite la préparation des matériaux pour élever, non plus seulement une statue, mais un magnifique sanctuaire au Sacré Cœur. Ne fallait-il pas que le Fils eût quelque chose de plus que la Mère ! Il aura eu le mérite d'avoir commencé l'œuvre et non la consolation de la voir achevée. Qu'il se rassure le bon et fidèle prêtre du Sacré Cœur ! il aura une large part à cette grande promesse faite par Jésus à la bienheureuse Marguerite-Marie : « Je serai leur refuge assuré pendant leur vie et surtout à l'heure de la mort. »

Que dirons-nous maintenant de la vie privée de M. le curé de Chauffailles, sinon qu'elle fut toujours celle d'un saint prêtre ? Un grand pape disait : « Donnez-moi un homme qui ait parfaitement observé sa règle pendant trois ans ; n'eût-il pas fait d'autres miracles, je le canoniserai. » M. Lambert a réalisé ce prodige pendant cinquante ans. Sa vie était réglée comme celle d'un religieux. Tous les jours il était levé à quatre heures et demie et s'en allait passer deux heures à l'église. Jamais il ne consacrait plus d'une heure par jour à sa récréation qu'il prenait après son dîner en compagnie de ses vicaires. Le soir, vers quatre heures, il se rendait de nouveau à l'église pour y passer encore au moins deux heures employées à la méditation ou à la récitation de son bréviaire.

Il n'a jamais manqué un seul jour de faire son cher catéchisme. Rien ne lui plaisait comme l'enfance et il avait le don particulier de se faire aimer et bien comprendre de son auditoire enfantin. Chaque jour, après le repas du soir, il avait la sainte habitude de faire la prière en commun et la lecture spirituelle avec toute sa maison. Il aimait aussi à pratiquer la plus cordiale hospitalité envers ses confrères, et avec eux il donnait volontiers carrière à sa douce gaîté. Il racontait toujours avec un nouveau charme les mille petites anecdotes que sa mémoire avait recueillies durant les longues années de son ministère. En tout et partout il était le type du saint prêtre.

II

SA MALADIE, SA MORT

Sa grande tâche était accomplie. Il avait été envoyé par son évêque pour tout créer à Chauffailles. Tout était fait. Le vaillant serviteur pouvait maintenant mourir. Le fruit était mûr pour le ciel, la maladie va le détacher de l'arbre. Elle devait être longue et douloureuse, mais aussi procurer l'exaltation du juste. Le 1er novembre 1874, sur le soir, après les fatigues des fêtes de la Toussaint, il sentit son courage faiblir devant le mal grandissant, et il consentit à garder la chambre. Désormais il ne la quitta plus que pour aller imprudemment satisfaire son ardente piété en offrant le saint sacrifice, quelques jours avant Noël. Dès lors, il ne fut plus possible de se faire illusion. Ni le dévouement du docteur Briandas, ni les soins intelligents de sa garde-malade ne réussirent à empêcher la diminution de ses forces et à calmer ses souffrances. Pendant trois longs mois, le Seigneur a permis que son serviteur fût sur la croix, sans doute pour lui faire acquérir plus de mérites, mais aussi pour qu'il lui fût donné d'être l'édification de tous.

Nous qui l'avons vu souffrir, nous n'oublierons jamais les touchants exemples de résignation qu'il nous a donnés. Il nous avait montré ce que doit être la vie d'un saint prêtre, il lui était encore réservé de nous montrer ce que doit être la mort d'un saint prêtre.

La maladie toujours grandissante n'avait fait de son corps

qu'une seule plaie. Trois mois durant, il dut renoncer à son lit pour se contenter d'un fauteuil, les jours et les nuits.

Quoique très nerveux par tempérament, il ne s'impatienta jamais. Tous ceux qui ont eu la consolation de l'approcher pendant cette longue et cruelle période de souffrances sortaient d'auprès de lui édifiés et surpris de tant de courage.

Toute prière vocale lui étant devenue impossible, il avait recours au signe de la croix qu'il répétait sans cesse sur lui avec la foi la plus vive, tandis que ses lèvres murmuraient les saints noms de Jésus et de Marie. Son plus grand bonheur, pendant ces longs jours d'épreuves, était de recevoir la sainte communion, et il le faisait toujours avec une ferveur nouvelle.

Je n'aurai garde d'oublier de dire ici combien il fut consolé par les témoignages d'affection qu'il reçut de son évêque. Le 28 décembre, se sentant plus fatigué, il demanda à recevoir N.-S. J.-C. en viatique et le sacrement de l'extrême-onction ; ce qui lui fut accordé.

Pendant le mois qui suivit et durant lequel les souffrances redoublèrent, sa constance héroïque et son admirable piété ne se démentirent point un seul instant. Si quelquefois il appela la mort de ses vœux, ce n'était point par dégoût des souffrances, mais bien plutôt par l'effet du désir ardent qui le possédait d'être réuni au bon Dieu.

Enfin le 26 janvier arriva ; sa dernière heure avait sonné. M. Lambert avait comblé la mesure de ses mérites, il allait recevoir la récompense promise à ceux qui souffrent. Sa vie n'avait été qu'une longue chaîne de bonnes œuvres, il salua la mort comme une libératrice. Je l'assistais à ses derniers moments. Il était dix heures du matin. Le voyant plus abattu que de coutume, je lui demandai s'il voulait de nouveau recevoir l'indulgence plénière. Il me répondit affirmativement, et tandis que je récitais les prières prescrites il faisait avec moi le signe de la croix. Comme sa respiration devenait plus courte et plus saccadée, je lui suggérai la pensée d'offrir sa vie au bon Dieu en esprit de sacrifice. Il me fit un signe d'assentiment. Et puis sans secousse, sans agonie, sans violence, M. Lambert s'endormit dans le Seigneur au moment où j'achevais la dernière oraison des prières de la recommandation de l'âme. Je revêtis le défunt du costume canonial, et pendant les deux jours et les deux nuits qu'il resta exposé dans une chapelle ardente, toute la population en larmes vint prier près de sa couche funèbre. Le bruit de sa mort, bien vite répandu, avait plongé toute la paroisse dans le deuil.

Terminons en disant quelque chose de ses funérailles.

III

SES FUNÉRAILLES

Le 28 janvier à dix heures du matin, cinq mille personnes encombraient la place de l'église et l'église elle-même. La paroisse tout entière était là comme une immense famille en deuil et pleurant un père. Tous avaient tenu à honneur de rendre au pasteur les derniers devoirs et de l'accompagner à sa dernière demeure. Une foule d'étrangers étaient encore venus grossir les rangs pressés de la paroisse. Les diverses sociétés de la ville, le conseil municipal, les autorités, étaient là, attendant que le cercueil fût sorti du presbytère. Trente-cinq prêtres avaient pu se rendre à la triste cérémonie. M. le provicaire curé de Charolles présidait. Le cortége s'organisa au son lugubre des chants funèbres et des tambours en deuil. Le convoi étant arrivé à l'église, on déposa le corps au milieu du sanctuaire. Le vaste temple, entièrement tendu de drap noir parsemé de larmes, ressemblait à un immense catafalque; une magnifique couronne sacerdotale remplissait le chœur et entourait la dépouille mortelle de l'auguste défunt, tandis que la foule des fidèles se pressait à grand'peine dans les nefs.

Après le chant de l'évangile, M. le provicaire curé de Charolles monta en chaire et laissa échapper de son cœur, devant l'auditoire ému jusqu'aux larmes, cette histoire de son vénérable ami que nous venons d'écrire. De tous côtés les yeux étaient baignés de pleurs au récit des bienfaits répandus dans la paroisse pendant quarante ans par le vénéré défunt. Après l'absoute, le cortége s'organisa de nouveau à grand'peine pour accompagner le corps à sa dernière demeure.

Il repose maintenant au pied de la grande croix du cimetière, en attendant la résurrection glorieuse qui lui est due. Il repose au milieu de ses chers paroissiens qu'il a baptisés, qu'il a consolés, qu'il a assistés à l'heure de la mort. Sa tombe sera respectée entre toutes. N'est-elle pas celle du père de famille ! Elle aura de nombreux et saints souvenirs. Chaque dimanche soir, après les vêpres, ses paroissiens vivants iront répandre leurs prières et leurs larmes sur le tombeau de ce vénérable curé auquel ils doivent tant de grandes et nobles choses.

Reposez en paix, cher et vénéré pasteur, vos jours ont été bien remplis! Votre mort, comme celle des saints, a été précieuse devant Dieu, et votre mémoire sera toujours bénie parmi nous !

Du haut de la vraie patrie où le Seigneur, dans sa miséricorde, vous a sans doute déjà placé pour récompenser vos vertus, bénissez votre chère paroisse et gardez-lui tout votre amour. Bénissez celui qui a écrit ces lignes pour qu'elles soient, au milieu de ceux qui vous aimèrent, un souvenir vivant de votre personne et de vos bienfaits ! (1)

REQUIESCAT IN PACE !

Chauffailles, le 31 janvier 1875.

---

(1) Nous savons que M. Lambert, dans son testament, a fait divers legs à l'hôpital, au bureau bienfaisance, au grand Séminaire, à la conférence de de Saint-Vincent-de-Paul, aux Frères et aux Sœurs.

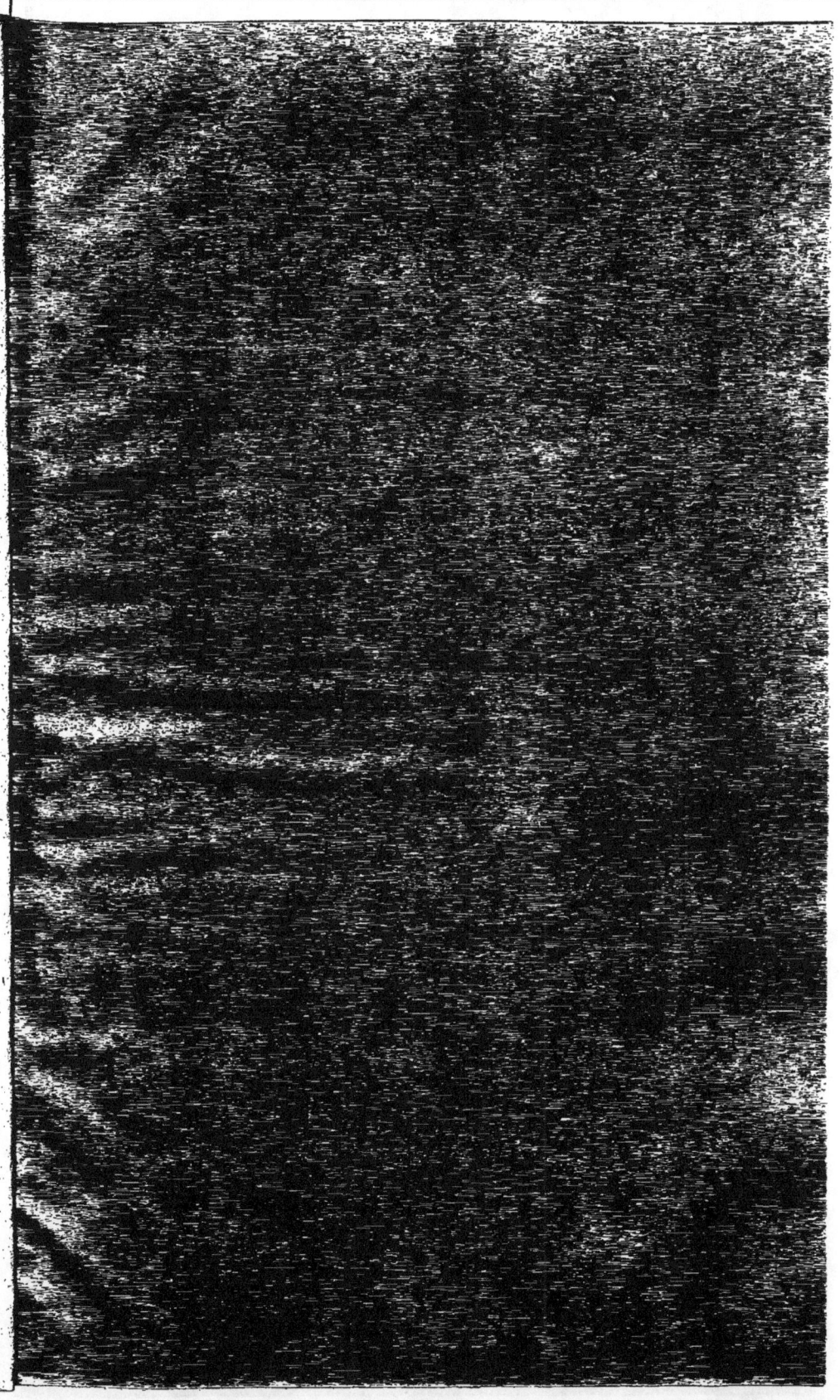

www.ingramcontent.com/pod-product-compliance
Lightning Source LLC
Chambersburg PA
CBHW062002070426
42451CB00012BA/2546